Das **Alpenchic** *Dirndlbuch*

Nähen im Trachten-Trend

Das Alpenchic Dirndlbuch

Nähen im Trachten-Trend

Liebe Leserin,

Schon als Kind – ich bin schließlich in Bayern geboren – haben mich Dirndl und Trachtenmode immer wieder aufs Neue fasziniert. Inzwischen sind die zünftigen Kleidungsstücke auch abseits der bekannten Festwiesen Trend, aber Trachtenmode „von der Stange" ist oft ein teures Vergnügen.
Als studierte Modedesignerin hat mich das natürlich noch zusätzlich angespornt, individuelle Modelle mit vielen Variationsmöglichkeiten für Sie zu entwerfen. Dieses Dirndl-Nähbuch soll zum Nachschneidern motivieren!
Drei Grundschnitte für unterschiedliche Dirndl liefern Ihnen die Basis, ihre eigene Kreativität einfließen zu lassen. Durch Kombination von verschiedenen Stoffen und Materialien können Sie individuelle Wünsche und Ideen mit der Nähmaschine umsetzen und Ihr persönliches Wunschdirndl arbeiten – ob zünftig, frech oder traditionell, in dezenten Tönen oder als farblicher Blickfang bleibt Ihnen überlassen.
Ich wünsche Ihnen viel Spaß nicht nur beim Nähen, sondern vor allem beim Tragen Ihres selbst gemachten Dirndls!

Ihre

Zart in Pastelltönen

DIRNDL „NEUBURG"

Das zauberhafte Dirndl mit edler Spitzenschürze ist ein ideales Outfit, um die Nächte durchzutanzen! Die passende Tasche ist schnell genäht und ein feines Accessoire.

Dirndl

Schnitt vorbereiten
Papierschnittteile mit Nahtzugaben versehen und ausschneiden. Beim Zuschnitt darauf achten, dass die Streifen des Stoffes längs laufen.

Vorbereiten
Die Oberteilrüsche längs in der Mitte links auf links falten und bügeln.
Am Saumbeleg an einer Seite 1 cm Nahtzugabe nach innen umbügeln.

Nähen

1 An Oberstoff und Futter die seitlichen Teile an die jeweils mittleren Teile rechts auf rechts in 1 cm Breite steppen. Alle Nahtzugaben auseinanderbügeln.

2 Vorderteil und Rückenteil rechts auf rechts aufeinanderlegen. Die Schulternähte in 1 cm Breite schließen und auseinanderbügeln. Am Futter wiederholen.

3 Die Rüsche nach Markierung rechts auf rechts an den Ausschnitt nähen. Die Mehrweite ringsum gleichmäßig verteilen (siehe S. 47, „Von Hand einreihen").

4 Den Ausschnitt rechts auf rechts mit dem Futter in 1 cm Breite in einem Zug verstürzen.

5 Die Vorderteil-Armlöcher rechts auf rechts in 1 cm Breite verstürzen, dabei die Rundungen quer zur Naht einschneiden. Ebenso die Rückenteil-Armlöcher arbeiten.

6 Die rechte Seitennaht (ohne Reißverschluss) in 2 cm Breite schließen, die Nähte getrennt versäubern und auseinanderbügeln. Am Futter wiederholen.

7 An der Breite der Rockbahn oben an der Taille mit einer Nadel die Hälfte markieren (hier ca. 135 cm). Sie liegt an der Seitennaht ohne Reißverschluss. Den Rock an die Taille nähen, dabei die Mehrweite des Rockes von Hand einhalten.

8 Die Taillenansatznaht an Futter und Oberstoff versäubern. Das Futter deckungsgleich auf den Oberstoff legen und die Seitennaht vom Saum bis zum Armloch in einem Zug miteinander versäubern.

9 An der linken Seite den Reißverschluss einarbeiten und dabei die Seitennaht bis zum Saum schließen. Die Nahtzugaben auseinanderbügeln.

10 Den Saumbeleg mit der nicht umgebügelten Seite rechts auf rechts an die Saumkante in 1 cm Breite steppen. Dort, wo sich beide Enden des Saumbelegs treffen, die Nahtzugabe am oberen Teil einmal umklappen und mit dem unteren Teil abdecken (Nahtzugabe an beiden Enden ca. 2 cm). Darübersteppen. Den Saumbeleg nach oben klappen und den Beleg schmalkantig feststeppen.

11 Die Miederhaken gleichmäßig verteilt auf die Teilungsnaht im Vorderteil aufnähen. Von der oberen Ausschnittkante ca. 2 cm entfernt bleiben. Das Satinband über Kreuz einfädeln.

Zuschneiden
OBERSTOFF
1x Schnittteil „mittleres Vorderteil" im Bruch
2x Schnittteil „seitliches Vorderteil", gegengleich
2x Schnittteil „seitliches Rückenteil", gegengleich
1x Schnittteil „mittleres Rückenteil" im Bruch
1x Rockteil im Bruch zuschneiden: Rechteck in der gewünschten Länge (hier 70 cm) und Gesamtbreite (hier 270 cm); die Breite sollte insgesamt etwa das Vierfache der Länge betragen.

RÜSCHENSTOFF
1x Schnittteil „Halsausschnitt Rüsche", ca. 120 cm lang
1x Saumbeleg in der gewünschten Länge (hier 2 cm); die Breite an die Rockbreite anpassen, dazu evtl. mehrere Stücke aneinandernähen (hier 270 cm)

EINLAGENSTOFF
1x Schnittteil „mittleres Vorderteil" im Bruch
2x Schnittteil „seitliches Vorderteil", gegengleich
2x Schnittteil „seitliches Rückenteil", gegengleich
1x Schnittteil „mittleres Rückenteil" im Bruch

FUTTERSTOFF
1x Schnittteil „mittleres Vorderteil" im Bruch
2x Schnittteil „seitliches Vorderteil", gegengleich
2x Schnittteil „seitliches Rückenteil", gegengleich
1x Schnittteil „mittleres Rückenteil" im Bruch

Nahtzugaben
An den Seitennähten an Oberstoff und Futter je 2 cm Nahtzugabe geben, an allen übrigen Kanten 1 cm.
Schnittmusterbogen A+B

✂✂

Größe 34 – 36 – 38 – 40 – 42 – 44 – 46

Material

- ♥ Oberstoff: Polyesterstoff mit Streifen in Weiß-Hellgrün-Rosa, 160 cm x 230 cm
- ♥ Rüschenstoff: Baumwoll-Karo-buntgewebe in Rosa-Beige kariert, 150 cm x 50 cm
- ♥ Futterstoff: Baumwollstoff in Weiß, 150 cm x 80 cm
- ♥ Einlagenstoff: Einlage zum Aufbügeln, farblich passend zum Oberstoff, 120 cm x 100 cm

Material

- ♥ Reißverschluss, 50-60 cm (oder Meterware)
- ♥ 1 Etikett (evtl. selbst gestaltet, siehe S. 46, „Tipps")
- ♥ Miederhaken, 5 Paar
- ♥ 1,5 cm breites Satin-band in Rosa, 300 cm

Schürzerl

Schnitt vorbereiten

Das Schürzenteil wie ein Rockteil als Rechteck zuschneiden, jedoch sollte die Schürze ca. 3-5 cm kürzer als der Rock sein und 100 cm breit. Die Papierschnittteile mit Nahtzugaben versehen und ausschneiden.

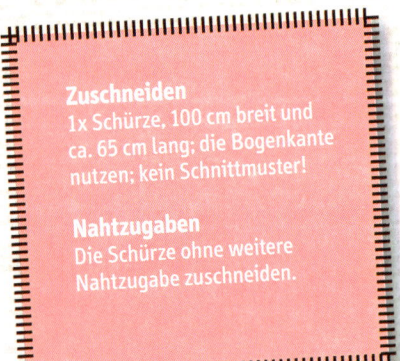

Zuschneiden
1x Schürze, 100 cm breit und ca. 65 cm lang; die Bogenkante nutzen; kein Schnittmuster!

Nahtzugaben
Die Schürze ohne weitere Nahtzugabe zuschneiden.

Vorbereiten

Die obere Schürzenkante versäubern. Die Seitennaht versäubern und in 1,5 cm Breite umbügeln und feststecken.

Nähen

1 Die Nahtzugaben an beiden Seiten der Schürze mit Zickzackstich festnähen.

2 Die Mitte des Satinbands mit einer Nadel markieren. Rechts und links davon jeweils in 19 cm Abstand eine Markierung anbringen – zwischen diese beiden Markierungen kommt die von Hand eingereihte Schürze (siehe S. 47, „Von Hand einreihen").

3 Das Satinband ab der Markierung an die Nahtzugabe der oberen Schürzenkante stecken. Die Mitten sollen aufeinandertreffen. Den Schürzenstoff in gleichmäßige Fältchen legen, sodass die Seitenkanten der Schürzen auf die 19-cm-Markierung treffen. Mit dem Satinband die eingehaltenen Schürzenfältchen abdecken und das Band schmalkantig an die Schürze nähen.

Größe 34 – 36 – 38 – 40 –
42 – 44 – 46

Material
♥ Baumwollvoile in Weiß,
150 cm x 100 cm
♥ 0,5 cm breites Gummiband,
1x 76 cm (entsprechend dem
Unterbrustumfang),
2x 32 cm (für den Ärmel-
saum), insgesamt 150 cm
♥ 1 cm breites Gummiband,
ca. 105 cm (für die Schulter)

Dirndlbluse

Schnitt vorbereiten

Die Papierschnittteile mit Nahtzugaben versehen
und ausschneiden.

Vorbereiten

An Vorderteil-, Rückenteil- und Armausschnitt
sowie am Ärmelsaum zuerst 1 cm nach innen
und dann 4 cm (= Umbruch) für Rüsche und
Gummitunnel umbügeln und feststecken. Die
4 cm sind im Schnittmuster schon enthalten.
An Vorderteil- und Rückenteil-Saum 2x 1 cm
Saumzugabe umbügeln und feststecken.

Nähen

1 Vorderteil-Ärmel-Teil an Vorderteil, Rücken-
teil-Ärmel-Teil an Rückenteil stecken. Die Nähte
wie rechts im Tipp beschrieben mit einer französischen Naht 2x in 0,5 cm Breite schließen.

2 Die umgebügelte Ausschnittkante schmalkantig feststeppen. Dabei an der Schulternaht
eine kleine Öffnung zum Einziehen für das Gummiband lassen. Nun 1,5 cm von dieser 1. Naht
entfernt Richtung äußere Kante eine 2. Naht
nähen. So entsteht ein Tunnel für das Gummi-

band – an dieser 2. Naht wird keine Öffnung
benötigt.

3 Seitennaht und Ärmelnähte in einem Zug
mit einer französischen Naht schließen.

4 Die Gummitunnel am Ärmelsaum auf die
gleiche Art wie am Ausschnitt arbeiten. Die
zweite Naht liegt nun jedoch nur 1 cm von der
ersten entfernt.

5 Den Saum von Vorder- und Rückenteil
schmalkantig absteppen. Eine kleine Öffnung
an einer Seitennaht für das Gummiband lassen.

6 Das schmale Gummiband in Saum und Ärmel
ziehen. Das breite Gummiband am Ausschnitt
einziehen.

*Tipp: Besonders sauber sind die Nähte,
wenn sie mit einer französischen Naht
(Doppelnaht) geschlossen werden. Dazu
werden beide Stoffteile links auf links auf-
einandergelegt und mit einer ersten Naht
in 0,5 cm Breite geschlossen. Die Nahtzugaben vorsichtig auseinanderbügeln
(darauf achten, dass nicht zu viele Fäden
ausfransen). Nun den Stoff so legen, dass
die Nahtzugabe der ersten Naht innen
liegt. Mit einer zweiten Naht in 0,5 cm
Breite die Nahtzugabe verdecken. Somit
ist die Naht geschlossen und gleichzeitig
die Kante versäubert.*

Tascherl

Schnitt vorbereiten

Die Papierschnittteile mit Nahtzugaben versehen und ausschneiden.

Zuschneiden
OBERSTOFF
2x Schnittteil „Beutel" im Bruch

FUTTERSTOFF
2x Schnittteil „Beutel" im Bruch

Nahtzugaben
Alle Stoffteile mit 1 cm Nahtzugabe zuschneiden.

Schnittmusterbogen A

Nähen

1 Die Posamentenborte an ein Oberstoffbeutelteil ca. 6 cm von der oberen Kante entfernt aufsteppen.

2 Ab der seitlichen Markierung jeden Beutel für sich in 1 cm Breite rechts auf rechts schließen. Im Futter an einer geraden Stelle eine Öffnung zum Wenden offen lassen.

3 An der geraden oberen Kante Futter und Oberstoff miteinander in 1 cm Breite verstürzen und die Nahtzugaben auseinanderbügeln.

4 1 cm von der oberen Kante entfernt von rechts eine zweite Naht steppen. Das ist der Tunnel für die Querstrebe des Henkels. Seitlich evtl. eine kleine Öffnung lassen oder 1 Stich auftrennen.

5 Seitlich die offenen Schlitze des Oberstoffes mit dem Futter in 1 cm Breite verstürzen.

6 Am Henkel alle Schrauben lösen und aus den Ösen fädeln. Die jeweils passende Querstrebe des Henkels durch die Tunnel an den oberen Kanten stecken. Die Schrauben wieder schließen.

Größe ca. 30 cm x 30 cm

Material
- ♥ Oberstoff: Polyesterstoff mit Streifen in Weiß-Hellgrün-Rosa, 40 cm lang x 80 cm breit
- ♥ Futterstoff: Baumwoll-Karobuntgewebe in Rosa-Beige kariert, 40 cm x 80 cm
- ♥ Taschenverschluss: 1 Henkel „Sofia", 1,5 cm breit
- ♥ 1 cm breite Posamentenborte, 40 cm

7 Mit Handstichen die Öffnung im Futter schließen.

Klassisch, edel, chic

DIRNDL „ROSE"

Dieses elegante Modell in klassischen Farben und raffinierter Schnittführung spart nicht mit aufwendigen Details. Eine passende Tasche und die Rosenkette setzen prächtige Akzente.

Dirndl

Schnitt vorbereiten

Der Rock wird nach den Schnittteilen des Rocks für Modell „Landshut" zugeschnitten, aber 10 cm länger und mit einer Teilungsnaht im vorderen Rockteil.

Tipp: Der Rock kann auch mit zusätzlichen Falten in Vorderteil und Rückenteil zugeschnitten werden. Dazu lediglich die Mehrweite an den Mitten (Vorderteil und Rückenteil) anschneiden und Mehrweiten beim Nähen in Falten gelegt verteilen.

Papierschnittteile mit Nahtzugaben versehen und ausschneiden.

Vorbereiten

Am Oberteil den Beleg für die Knopfleiste nach innen umbügeln und feststecken.
Am Saumbeleg die obere Nahtzugabe nach innen umbügeln und feststecken.

Nähen

1 An Oberstoff und Futter die seitlichen Teile an die jeweils mittleren Teile rechts auf rechts in 1 cm Breite steppen. Alle Nahtzugaben auseinanderbügeln.

2 Vorder- und Rückenteil rechts auf rechts aufeinanderlegen. Die Schulternähte in 1 cm Breite schließen und die Nahtzugaben auseinanderbügeln. Am Futter wiederholen.

✂✂✂
Größe 34 – 36 – 38 – 40 – 42
– 44 – 46

Material
- ♥ Oberstoff für das Oberteil: Rosengobelin, 180 cm x 70 cm
- ♥ Oberstoff für den Rock: schwarzer Gabardinestoff, 150 cm x 220 cm
- ♥ Oberstoff für den Saumbeleg: Strickstoff mit Effektgarn, 150 cm x 40 cm
- ♥ Futterstoff: Baumwolldamast in Weiß, 150 cm x 80 cm
- ♥ 2,5 cm breite Froschgoscherlborte, 110 cm (siehe S. 42)
- ♥ 4 Knöpfe, ø 2 cm
- ♥ 1 Etikett (evtl. selbst gestalten, siehe S. 46 „Tipps")

3 Die Vorderteil-Kanten des angeschnittenen Belegs rechts auf rechts in 1 cm Breite an das entsprechende Futter-Vorderteil steppen. Die Nahtzugaben ins Futter bügeln.

4 Das Schößchenteil ist für alle Größen passend. Durch Faltentiefe und Weitenregulierung zur Seitennaht hin kann die Breite variiert werden: Schößchenteile Oberstoff und Futter rechts auf rechts in 1 cm Breite an der Außenkante zusammensteppen. Wenden und bügeln. Falten in der Rückenmitte legen und rechts auf rechts in 1 cm Breite an das Oberstoff-Rückenteil steppen. Das Schößchen muss nicht ganz an die Seitennaht reichen.

5 Von der Vorderteil-Kante aus beginnend den Halsausschnitt rechts auf rechts in 1 cm Breite ringsum zusammensteppen. An den Rundungen die Nahtzugaben quer zur Naht etwas einschneiden, dabei jedoch nicht die Naht durchtrennen. Nahtzugaben etwas auseinanderbügeln. Wenden und Ausschnitt von links sauber abbügeln.

6 Oberstoff und Futter am Armloch des Vorderteils miteinander verstürzen, dabei die Rundungen quer zur Naht einschneiden. Die Rückenteil-Armlöcher genauso arbeiten.

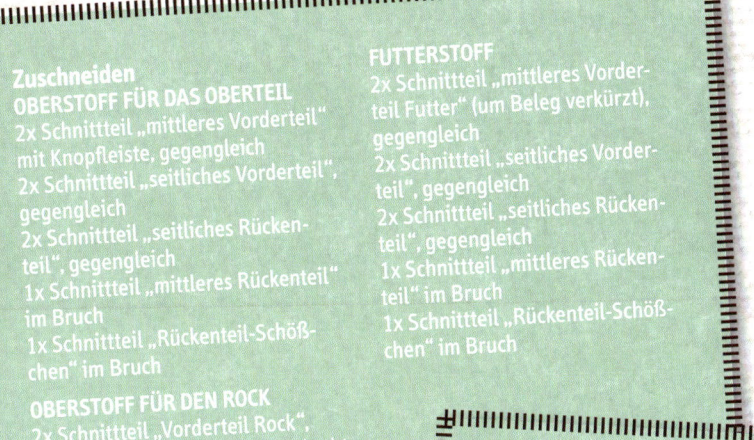

Zuschneiden
OBERSTOFF FÜR DAS OBERTEIL
2x Schnittteil „mittleres Vorderteil" mit Knopfleiste, gegengleich
2x Schnittteil „seitliches Vorderteil", gegengleich
2x Schnittteil „seitliches Rückenteil", gegengleich
1x Schnittteil „mittleres Rückenteil" im Bruch
1x Schnittteil „Rückenteil-Schößchen" im Bruch

OBERSTOFF FÜR DEN ROCK
2x Schnittteil „Vorderteil Rock", gegengleich mit vorderer Mittelnaht
1x Schnittteil „Rückteil Rock" im Bruch

OBERSTOFF FÜR DEN SAUMBELEG
2x Schnittteil „Saumbeleg" im Bruch, an die Rocklänge angepasst!

FUTTERSTOFF
2x Schnittteil „mittleres Vorderteil Futter" (um Beleg verkürzt), gegengleich
2x Schnittteil „seitliches Vorderteil", gegengleich
2x Schnittteil „seitliches Rückenteil", gegengleich
1x Schnittteil „mittleres Rückenteil" im Bruch
1x Schnittteil „Rückenteil-Schößchen" im Bruch

Nahtzugaben
Die seitlichen Vorder- und Rückenteile fürs Oberteil aus Oberstoff und Futterstoff an der Seitennaht mit 2 cm Nahtzugabe, sonst mit 1 cm Nahtzugabe zuschneiden. Die Rockteile an den Seitennähten und der vorderen Mittelnaht mit 2 cm Nahtzugabe, sonst mit 1 cm Nahtzugabe zuschneiden. Alle anderen Schnittteile ringsum mit 1 cm Nahtzugabe zuschneiden.

Schnittmusterbogen A+B

Schürzerl

7 Die Taillenansatznaht an Futter und Oberstoff von Oberteil und Rock versäubern.

8 Die vorderen Rockteile rechts auf rechts in 2 cm Breite schließen, dabei eine Öffnung von ca. 23 cm lassen. Den Vorderteil-Rock rechts auf rechts an das Vorderteil stecken. Die Nahtzugabe der Öffnung nur um das Vorderteil klappen und feststeppen. Den Rückenteil-Rock an das Rückenteil mit Schößchen rechts auf rechts in 1 cm Breite steppen. Evtl. die Mehrweite an Vorderteil- und Rückenteil-Rock in gleichmäßige Falten legen.

9 An den Seitennähten Futter und Oberstoff bis zum Saum miteinander versäubern.

10 Beide Seitennähte in 2 cm Breite rechts auf rechts bis zum Saum schließen. Die Nahtzugaben auseinanderbügeln. Evtl. die Nahtzugaben mit einigen Querstichen am Armloch festhalten.

11 Die Seitennähte am Saumbeleg rechts auf rechts in 1 cm Breite schließen, die Nahtzugaben auseinanderbügeln. An der weiten unteren Kante den Rocksaumbeleg rechts an die linke Seite des Rocksaums in 1 cm Breite steppen. Die Nahtzugaben auseinanderbügeln, den Saumbeleg nach oben auf die rechte Seite legen und feststecken. Schmalkantig absteppen.

12 Die Froschgoscherlborte (siehe Seite 44) von Hand ringsum an den Halsausschnitt nähen

Schnitt vorbereiten

Schürzenteil als Rechteck zuschneiden, jedoch ca. 3-5 cm kürzer.

Vorbereiten

An den Seiten 2x 1 cm nach innen umbügeln. Am Schürzensaum erst 1 cm und anschließend 4 cm nach innen bügeln und feststecken. Das Schürzenbändel längs mittig links auf links falten und bügeln. An einer Seite 1 cm Nahtzugabe nach innen umbügeln.

Zuschneiden
1x Schürze, 100 cm lang und ca. 95 cm breit
1x Schnittteil „Schürzenbändel" im Bruch
2x Schnittteil „Bindebändel" im Bruch

Nahtzugaben
Die Schürzenteil ohne weitere Nahtzugaben zuschneiden. Die Bändel mit 1 cm Nahtzugabe zuschneiden.

Schnittmusterbogen B

Nähen

1 Beide Seiten der Schürze schmalkantig absteppen.

2 Den Saum schmalkantig absteppen.

3 Die Bindebändel längs rechts auf rechts falten, an den Längsseiten und der schrägen Querseite in 1 cm Breite schließen. Die kurze Seite zum Wenden offen lassen. An den Ecken beschneiden, wenden und bügeln.

4 Die offenen Enden der Bindebändel in das Schürzenbändel legen und dabei die Mehrweite in Falte legen. Die Nahtzugaben der Schürzenbänder nach oben legen und in 1 cm Breite absteppen.

5 Das Schürzenbändel mit der nicht umgebügelten Seite zwischen den Markierungen rechts auf links an die Schürze steppen. Die Mittelmarkierungen treffen aufeinander. Die Mehrweite dabei in gleichmäßige Falten legen.

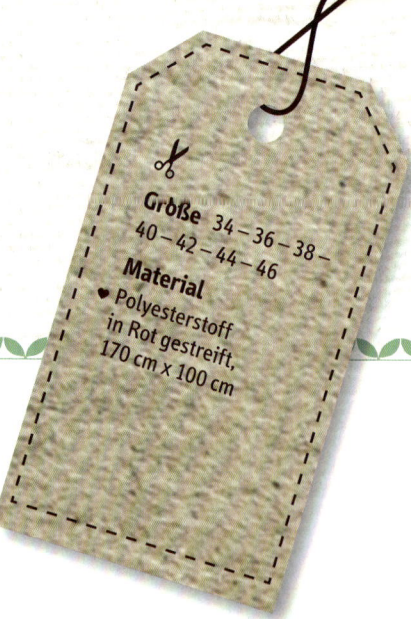

Größe 34 – 36 – 38 – 40 – 42 – 44 – 46
Material
♥ Polyesterstoff in Rot gestreift, 170 cm x 100 cm

Dirndlbluse

Schnitt vorbereiten

Papierschnittteile mit Nahtzugaben versehen und ausschneiden.

Vorbereiten

An einem Kragenteil an der Kragenansatznaht 1 cm Nahtzugabe nach innen umbügeln.
An den Vorderteilen an der vorderen Kante 1 cm Nahtzugabe nach innen bügeln, dann 4 cm angeschnittenen Knopfbeleg nach innen umbügeln und feststecken. Vorderteil- und Rückenteil-Saum versäubern und 2 cm breit nach innen bügeln, dabei die Mehrweite etwas einhalten und feststecken.
Die Kragenrüsche an den Längskanten mit Rollsaum säumen.

Zuschneiden
OBERSTOFF
2x Schnittteil „Vorderteil", gegengleich
1x Schnittteil „Rückenteil" im Bruch
2x Schnittteil „Kragen" im Bruch, gegengleich
1x Kragenrüsche 6 cm x 150 cm

SPITZENSTOFF
2x Schnittteil „Ärmel"

Nahtzugaben
Vorder- und Rückenteil am Saum mit 2 cm Nahtzugabe, sonst mit 1 cm Nahtzugabe zuschneiden. Den Kragen mit ringsum 1 cm Nahtzugabe zuschneiden. Die Kragenrüsche ohne Nahtzugabe zuschneiden. Die Ärmel an der Bogenkante ohne Nahtzugabe, sonst ringsum mit 1 cm Nahtzugabe zuschneiden.

Schnittmusterbogen B

Größe 34 – 36 – 38 – 40 – 42 – 44 – 46

Material
- Oberstoff: Baumwollstoff in Weiß, 150 cm x 150 cm
- Spitzenstoff: 120 cm breiter Spitzenstoff mit Bogenkante in Weiß, 80 cm
- 2 Knöpfe, ø 2,5 cm
- 4,5 cm breite bestickte Borte, 70 cm
- 1 cm breites Gummiband, ca. 76 cm (entsprechend dem Unterbrustumfang)

Nähen

1 Vorder- und Rückenteil rechts auf rechts aufeinanderlegen. Die Schulternähte in 1 cm Breite schließen, die Nahtzugaben gemeinsam versäubern und nach hinten bügeln.

2 Kragen rechts auf rechts aufeinanderlegen, in 1 cm Breite die Kragenaußennaht schließen. Die hochgebügelte Nahtzugabe bleibt dabei nach oben geklappt. Die Ecken beschneiden, wenden und bügeln. Den Kragen mit der offenen, nicht umgebügelten Kante rechts auf die linke Seite der Kragenansatznaht im Vorderteil stecken. Die Rückenmitten treffen aufeinander. Ab der vorderen Kante in 1 cm Breite zu steppen beginnen. Dabei abschnittsweise bis zur Schulternaht nähen, das Nähgut drehen, über die Rückenmitte und die zweite Schulternaht zur vorderen Mitte.

3 Die gesäumte Kragenrüsche ab der vorderen Kante mittig an die Innenseite des Kragens steppen. Von Hand rüschen, dabei ab der Schul-

ternaht im rückwärtigen Bereich auf Falten verzichten. Die Nahtzugabe der Rüsche ca. 1,5 cm nur nach innen legen und übersteppen. Von außen die Borte an die Kragenansatznaht steppen, dabei die Rüsche nicht mitfassen! Die Nahtzugabe der Borte an der vorderen Kante 2 cm nach innen klappen und übersteppen. Evtl. an der oberen Kragenkante mit einigen Stichen fixieren.

4 2 Knopflöcher wie auf dem Schnitt eingezeichnet ins rechte Vorderteil arbeiten. Die Knöpfe entsprechend an das linke Vorderteil annähen.

5 Die Bluse schließen und am Saum Beleg und Vorderteil mit einigen Stichen aufeinandernähen.

6 Ärmel- und Seitennaht in einem Stück rechts auf rechts in 1 cm Breite schließen und die Nahtzugaben gemeinsam versäubern.

7 Vorderteil- und Rückenteil-Saum schmalkantig absteppen, dabei eine Öffnung für das Gummiband lassen.

8 Das Gummiband in den Saum einziehen.

Profitipp: Die Rüsche an der Krageninnenseite wird mit einem Rollsaum versäubert. Sie benutzen dazu entweder die Overlock-Maschine oder stellen an der Nähmaschine den Zickzackstich ganz eng und schmal ein. Umstechen Sie so die Kanten. Manchmal funktioniert es leider nur, wenn vorher der Stoff doppelt liegt. Dazu an der Rüsche an der Ober- und Unterkante der Längsseiten jeweils 1 cm Nahtzugabe dazugeben, Nahtzugabe umbügeln und die so entstandene Kante umstechen. Die übrige Nahtzugabe vorsichtig, ohne die Naht zu beschädigen, abschneiden.

Rosenkette

Schnitt vorbereiten

Papierschnittteile mit Nahtzugaben versehen und ausschneiden.

Vorbereiten

Die Schnittkanten des Satinbands mit einer kleinen Flamme etwas versengen. 74 cm Perlen auf das Garn oder den Draht auffädeln. Auf die letzten 5 cm nur Silberperlen auffädeln und dabei beide Enden zusammenführen und stramm verknoten. Die restlichen Fäden noch nicht abschneiden.

Nähen

1 Jeweils 2 passende Blütenblätter miteinander verstürzen.

2 Die inneren Blütenblätter am Umbruch zusammenklappen, dabei die Enden der Kette mitfassen. Die beiden mittleren Blütenblätter mit Falten möglichst naturnah um die inneren Blätter legen. Mit einigen Stichen absteppen und die Enden der Kette dabei ebenfalls mitfassen oder von Hand festnähen. Die äußeren Blütenblätter ebenso anordnen und feststeppen.

Zuschneiden
2x Schnittteil „inneres Blütenblatt", gegengleich
4x Schnittteil „mittleres Blütenblatt", je 2x gegengleich
4x Schnittteil „äußeres Blütenblatt", je 2x gegengleich

Nahtzugaben
Die Blütenblätter ringsum mit 1 cm Nahtzugabe zuschneiden.

Schnittmusterbogen B

3 Um diese Naht etwas Füllwatte legen und das Satinband schlingen. Das Band mit dem Klebstoff an den Kreuzungspunkten festkleben.

Tipp: Durch die am Kragen betonte Bluse darf das Schmuckstück etwas länger sein! Ein Kropfband wäre hier fehl am Platz.

Größe Länge der Kette
74 cm, Blüte mit Borte 12 cm
x 17 cm

Material
♥ beflockter Polyesterstoff
   in Rot, 60 cm x 10 cm
♥ 4 cm breites Satinband in
   Graugrün, 28 cm
♥ Perlen in unterschiedlichen
   Rottönen und Silber
♥ Perlenreihgarn oder Draht
♥ etwas Füllwatte, Klebstoff

Größe ca. 35 cm x 25 cm

Material

- Oberstoff Rosengobelin, 120 cm x 70 cm
- Polyesterstoff in Rot gestreift, 120 cm x 10 cm
- 1,5 cm breites Samtband in Rot, 1x 30 cm und 6x 8 cm, insgesamt 54 cm
- 1 Paar Metallhenkel, 25 cm Breite

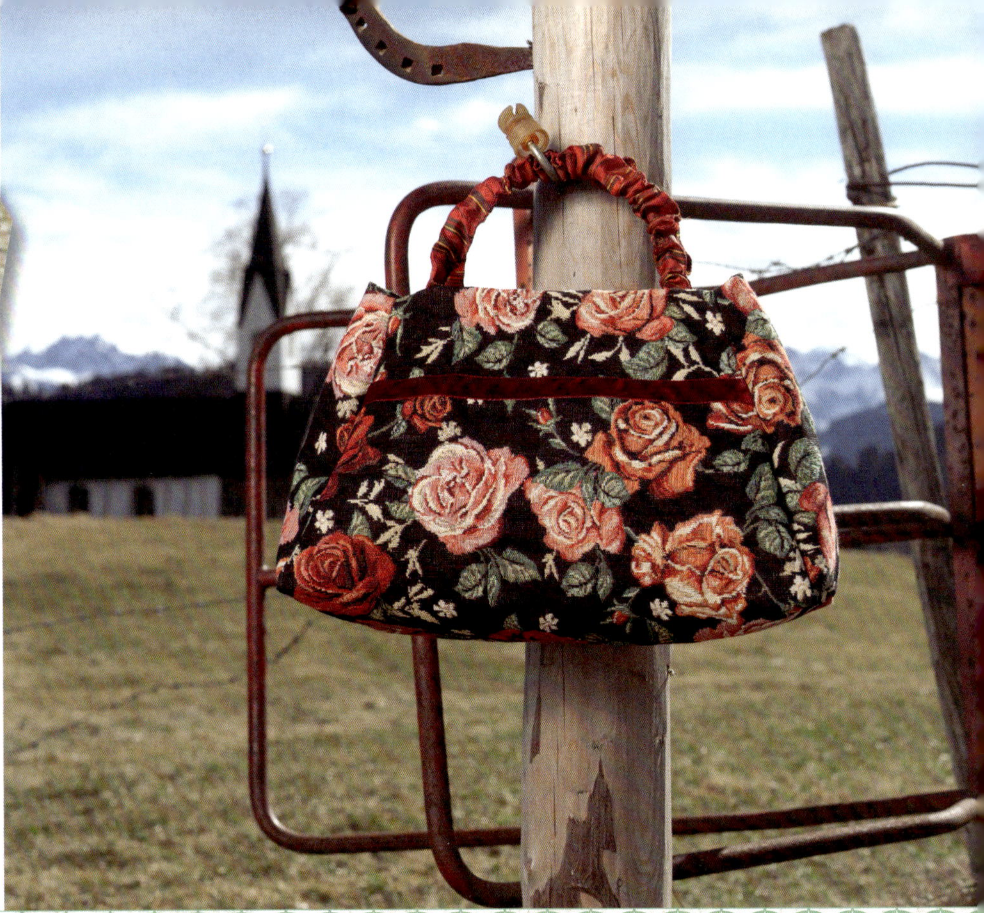

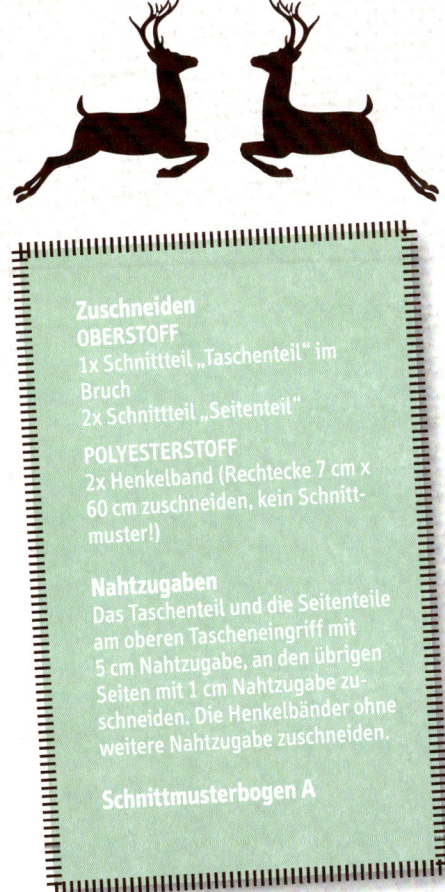

Rosentasche

Schnitt vorbereiten

Papierschnittteile mit Nahtzugaben versehen und ausschneiden.

Vorbereiten

Alle Teile ringsum versäubern.
5 cm Saum des oberen Tascheneingriffs an Taschen- und Seitenteil umbügeln und feststecken. Die Henkelbänder längs links auf links in der Mitte falten, an allen Längskanten 1 cm Nahtzugabe nach innen bügeln. An allen kurzen Seiten 2x 0,5 cm nach innen umbügeln und feststecken. Die kurzen Samtbänder zur Mitte falten und bügeln, sodass sich Schlaufen bilden.

Nähen

1 Die kurzen Seiten der Henkelbänder feststeppen. Die Bänder um die Henkel legen und an den Längsseiten mit Zickzackstich schließen, während der Henkel darin liegt. Fertiges Nähgut immer etwas nach hinten schieben.

2 Die Bodenteile zwischen die Bodenzwicke rechts auf rechts in 1 cm Breite steppen. Die Nahtzugabe von 1 cm bleibt vom Seitenteil rechts und links stehen!

3 Das lange Samtband 6 cm von der oberen Kante entfernt auf das Taschenteil steppen.

4 Auf jeden ummantelten Henkel jeweils 3 Samtschlaufen fädeln. Die Schlaufen an der geraden Seite des Henkels verteilen. Den Saum mittig am Tascheneingriff ausrichten und die Samtschlaufen mit Zickzackstich feststeppen.

5 Die Seitenteile jeweils von der oberen Kante aus rechts auf rechts in 1 cm Breite an das Taschenteil steppen und wenden.

6 Den oberen Tascheneingriff, an den der Henkel genäht wurde, schmalkantig in einem Zug schließen.

Zuschneiden

OBERSTOFF
1x Schnittteil „Taschenteil" im Bruch
2x Schnittteil „Seitenteil"

POLYESTERSTOFF
2x Henkelband (Rechtecke 7 cm x 60 cm zuschneiden, kein Schnittmuster!)

Nahtzugaben

Das Taschenteil und die Seitenteile am oberen Tascheneingriff mit 5 cm Nahtzugabe, an den übrigen Seiten mit 1 cm Nahtzugabe zuschneiden. Die Henkelbänder ohne weitere Nahtzugabe zuschneiden.

Schnittmusterbogen A

In Samt und Seide

DIRNDL „LANDSHUT"

Die leuchtenden Farben und die edlen Materialien machen dieses Dirndl zu etwas ganz Besonderem. Mit der passenden Spitzenstola sind Sie perfekt ausgehfein.

✂ ✂ ✂

Größe 34 – 36 – 38 – 40 –
42 – 44 – 46

Material

♥ Oberstoff fürs Oberteil:
Samt in Oliv, 130 cm x
80 cm

♥ Einlagenstoff: Tüllstoff in
Oliv oder Schwarz, 130 cm x
80 cm

♥ Futterstoff: Baumwollbuntgewebe in Grün-Beige
kariert, 130 cm x 80 cm

♥ Oberstoff für den Rock:
Polyesterstoff in Grün mit
Rosen bestickt und be-
druckt, 150 cm x 200 cm

Material

♥ Goldpaspel, 120 cm
♥ Reißverschluss, 50-60 cm
(oder Meterware)

♥ 1. Borte (2 cm breit, Rosen-
muster mit Rüsche), 25 cm

♥ 2. Borte (6,5 cm breit, gold-
durchwirkt), 25 cm

♥ 3. Borte (2 cm breit, Klöppelspitze), 25 cm

♥ 4. Borte (2,5 cm breit, in Dunkel-
rot mit gelber Rose), 25 cm

♥ 5. Borte (1 cm breit, Samtband
in Altrosa), 25 cm

♥ 1 Etikett (evtl. selbst gestaltet,
siehe S. 46 „Tipps"),

♥ 1 cm breite Posamentenborte
für Ausschnitt, ca. 100 cm

Dirndl

Samt richtig verarbeiten

Samt ist durch seinen hohen Flor nicht so gut für Anfängerinnen geeignet, da er beim Nähen leicht verrutschen kann. Beim Zuschnitt muss auf den Strich geachtet werden. D. h. alle Papier-Schnittteile in der gleichen Richtung auf den Stoff legen. Beim Zusammenstecken der Nahtzugaben den Samt fest zusammendrücken und die Nadeln sehr eng stecken. Vorsicht beim Bügeln: nur von links und mit ganz wenig Dampf! Verunglückte Stellen von rechts bedampfen und mit einer Bürste den Flor vorsichtig wieder aufrichten. Den Samt mit einer Einlage – oder noch besser mit Petticoat-Tüll – versteifen.

Schnitt vorbereiten

Papierschnittteile mit Nahtzugaben versehen und ausschneiden.

Vorbereiten

Den Rocksaum an Rückenteil und Vorderteil-Rock versäubern und 5 cm breit hochbügeln. Mehrweite etwas einbügeln und feststecken. Die Tüll-Schnittteile auf die linke Seite des Saumes in 0,8 cm feststeppen. Beide Stofflagen gemeinsam bearbeiten.

Nähen

1 Die Borten in der Reihenfolge 1-5 auf das mittlere Vorderteil steppen, beginnend 3 cm unterhalb der Schnittkante, d. h. 2 cm unterhalb der fertigen Ausschnittkante.

2 An Oberstoff und Futter die seitlichen Teile an die jeweils mittleren Teile rechts auf rechts in 1 cm Breite steppen. Alle Nähte vorsichtig auseinanderbügeln.

3 Vorder- und Rückenteile rechts auf rechts aufeinanderlegen und die Schulternähte schließen, am Futter wiederholen. Das grüne Posamentenband 1,5 cm von der Schnittkante entfernt an den Ausschnitt nähen. Dort, wo am Vorderteil das Posamentenband in der Teilungsnaht mitgefasst wird, einige Stiche am mittleren Vorderteil auftrennen, die Borte durchschieben und die Naht wieder schließen.

Zuschneiden
OBERSTOFF FÜRS OBERTEIL
1x Schnittteil „mittleres Vorderteil" im Bruch
2x Schnittteil „seitliches Vorderteil", gegengleich
2x Schnittteil „seitliches Rückenteil", gegengleich
1x Schnittteil „mittleres Rückenteil" im Bruch

EINLAGENSTOFF
1x Schnittteil „mittleres Vorderteil" im Bruch
2x Schnittteil „seitliches Vorderteil", gegengleich
2x Schnittteil „seitliches Rückenteil", gegengleich
1x Schnittteil „mittleres Rückenteil" im Bruch

FUTTERSTOFF
1x Schnittteil „mittleres Vorderteil" im Bruch
2x Schnittteil „seitliches Vorderteil", gegengleich
2x Schnittteil „seitliches Rückenteil", gegengleich
1x Schnittteil „mittleres Rückenteil" im Bruch

OBERSTOFF FÜR DEN ROCK
2x Schnittteil „Rock" im Bruch

Nahtzugaben
Aus dem Samt und dem Baumwollfutter die seitlichen Vorderteile und seitlichen Rückenteile an der Seitennaht mit 2 cm Nahtzugabe, an den restlichen Rändern mit 1 cm Nahtzugabe zuschneiden. Die übrigen Schnittteile aus diesen beiden Stoffen mit 1 cm Nahtzugabe zuschneiden. Aus dem Polyesterstoff die Rockteile am Saum mit 5 cm, an den Seitennähten 2 cm Nahtzugabe, an den übrigen Rändern mit 1 cm Nahtzugabe zuschneiden. Aus dem Tüllstoff alle Schnittteile mit den gleichen Nahtzugaben wie beim Samt zuschneiden.

Schnittmusterbogen A

4 Die Paspel rechts auf rechts auf das Armloch legen, dabei liegt die Kordel an der Nahtlinie. Nun die Paspel ganz nahe an der Goldkordel mit einem Reißverschluss-Füßchen auf den Oberstoff steppen.

(= weißer Faden). An den Rundungen zum Wenden die Nahtzugabe etwas einschneiden. Wenden und von links vorsichtig bügeln. Die Paspel liegt nun fest zwischen Futter und Oberstoff.

7 Das vordere Rockteil glatt und ohne Fältchen an das Oberteil-Vorderteil steppen. Ebenso im Rückenteil verfahren.

8 Die Taillenansatznaht an Oberstoff und Futter an Vorderteil und Rückenteil versäubern. Das Futter deckungsgleich auf den Oberstoff stecken und die Seitennähte vom Saum bis zum Armloch in einem Zug miteinander versäubern.

9 An der linken Seitennaht den Reißverschluss einarbeiten.

10 Die Seitennaht der noch offenen Seite in 2 cm Breite rechts auf rechts bis zum Saum schließen. Die Nahtzugaben auseinanderbügeln. Die Nahtzugaben am Armloch evtl. quer absteppen.

11 Den Saum schmalkantig absteppen.

5 Das zusammengenähte Baumwollfutter rechts auf rechts über die Paspel an das Armloch stecken und folgendermaßen nähen: Auf dem Samtteil steppen. Dort sieht man den Faden der ersten Naht (= türkisfarbener Faden). Nun eine Fadenbreite links neben der ersten Naht nähen

6 Den Ausschnitt verstürzen, Oberstoff und Futter rechts auf rechts aufeinanderlegen. Das Vorderteil von Schulternaht zu Schulternaht arbeiten, danach den Rückenteil-Ausschnitt arbeiten. Die Rundungen beschneiden, wenden, bügeln.

Größe 34 – 36 – 38 – 40 – 42 – 44 – 46

Material

- Oberstoff für die Schürze: Polyesterstoff in Rosa-Grün gestreift, 160 cm x 100 cm
- Dekostoff für die Bindebändel: Seidenkarostoff, 130 cm x 20 cm
- 5 cm breites Reih- oder Staffierband, 100 cm

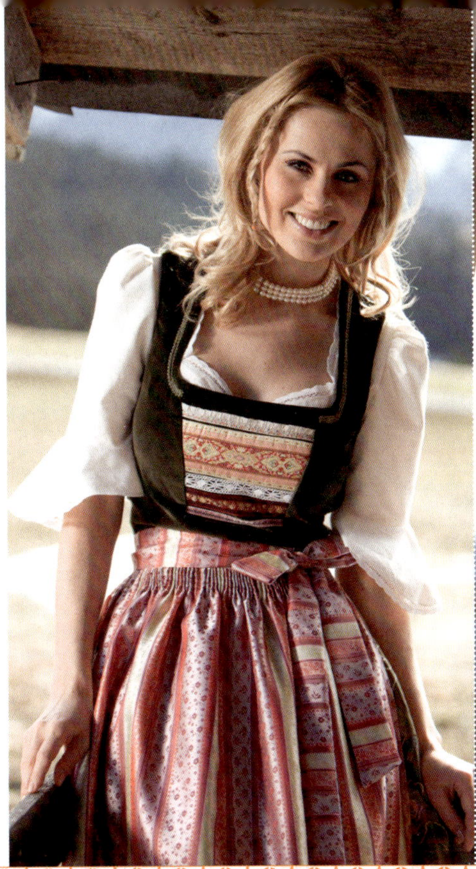

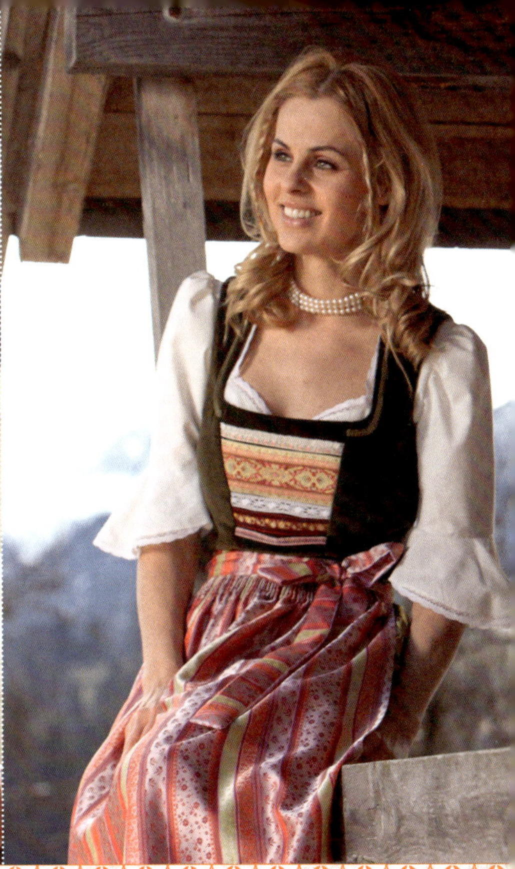

Schürzerl

Hinweis: Wie im Grundschnitt beschrieben die Schürze mit Staffierband arbeiten. Die Bindebänder sind mit Seidenkarostoff verstürzt.

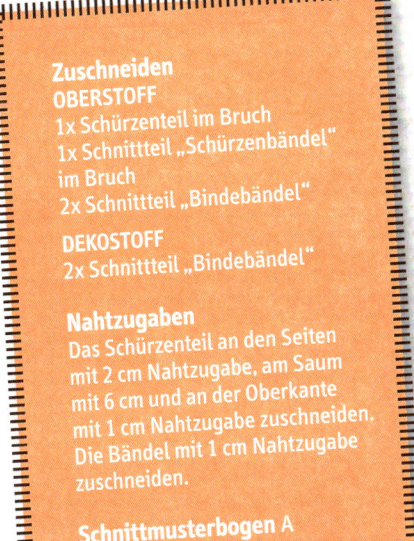

Zuschneiden

OBERSTOFF

1x Schürzenteil im Bruch

1x Schnittteil „Schürzenbändel" im Bruch

2x Schnittteil „Bindebändel"

DEKOSTOFF

2x Schnittteil „Bindebändel"

Nahtzugaben

Das Schürzenteil an den Seiten mit 2 cm Nahtzugabe, am Saum mit 6 cm und an der Oberkante mit 1 cm Nahtzugabe zuschneiden. Die Bändel mit 1 cm Nahtzugabe zuschneiden.

Schnittmusterbogen A

Schnitt vorbereiten

Beim Zuschnitt darauf achten, dass die Streifen am Schürzenstoff längs laufen. Schürzenteil wie Rockteil zuschneiden, jedoch ca. 3-5 cm kürzer als der Rock.

Papierschnittteile mit Nahtzugaben versehen und ausschneiden.

Vorbereiten

An beiden Seiten der Schürze 2x 1 cm nach innen umbügeln.

Am Schürzensaum zuerst 1 cm und dann 5 cm nach innen bügeln und feststecken.

Das Schürzenbändel der Länge nach rechts auf rechts halbieren und bügeln. An einer Seite 1 cm Nahtzugabe nach innen umbügeln.

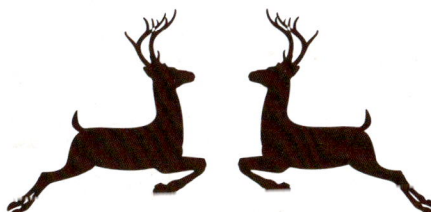

Nähen

1 Beide Seiten der Schürze schmalkantig absteppen.

2 Den Saum schmalkantig absteppen.

3 An der oberen Kante der Schürze das Staffierband anbringen und auf 38 cm Weite reihen.

4 Jeweils 1 Deko- und Oberstoffteil der Bindebändel miteinander verstürzen.

5 Jeweils ein Bindebändel zwischen die Enden des Schürzenbändels rechts auf rechts legen, die Mehrweite mittels einer Falte einhalten. Die Nahtzugaben der Schürzenbänder nach oben legen und in 1 cm Breite absteppen.

6 Die Schürze zwischen die Markierungen des Schürzenbandes rechts auf links in 1 cm Breite steppen. Die restliche Nahtzugabe umbügeln. Das Schürzenband über die obere Schürzenkante klappen.

7 Die offene Naht am Schürzenband schmalkantig absteppen und dabei die Schürze mitfassen.

Größe 34 – 36 – 38 – 40 –
42 – 44 – 46

Material
♥ Baumwollstoff in Weiß,
  150 cm x 120 cm
♥ Klöppelspitze, 300 cm
♥ 0,5 cm breites Gummiband,
  ca. 76 cm (entsprechend
  dem Unterbrustumfang)
♥ Polyesterkordel in Weiß,
  60 cm

Dirndlbluse

Schnitt vorbereiten

Papierschnittteile mit Nahtzugaben versehen
und ausschneiden.

Vorbereiten

Den Saum an Rückenteil und Vorderteil versäubern und 1,5 cm hochbügeln. Die Mehrweite
etwas einhalten und den Saum feststecken.
Die Kordel an beiden Enden etwas versengen,
damit sie nicht aufgehen.

Zuschneiden
2x Schnittteil „Vorderteil", gegengleich
1x Schnittteil „Rückenteil" im Bruch
2x Schnittteil „Ärmel"
2x Schnittteil „Ärmelrüsche" im Bruch

Nahtzugaben
Vorderteil und Rückenteil am Saum
mit 1,5 cm Nahtzugabe zuschneiden,
sonst alle Stoffteile mit 1 cm Nahtzugabe zuschneiden.

Schnittmusterbogen A

Nähen

In der vorderen Mitte in 2 cm Breite die Naht
schließen. Die Nahtzugaben auseinanderbügeln.
Dann Nahtzugabe 1 cm breit nach innen bügeln.
So entstehen Tunnel für die Kordel.

1 Vorderteil und Rückenteil rechts auf rechts
aufeinanderlegen. Die Schulternähte in 1 cm
Breite schließen, gemeinsam versäubern und
nach hinten bügeln.

2 Die Klöppelspitze an den Ausschnitt steppen.

3 Die Kordel in die Tunnel einlegen und die
Tunnel feststeppen, ohne dabei die Kordel mit-
zufassen. In der vorderen Mitte Rüsche und
Vorderteil zusammennähen.

4 Die Spitze an den Ärmelrüschensaum steppen.

5 Die Ärmelrüschen rechts auf rechts in 1 cm
Breite an beiden Ärmeln an den Ärmelsaum
steppen.

6 Die Ärmel rechts auf rechts in 1 cm Breite
ins Armloch steppen. Die Mehrweite des
Ärmels im Schulterbereich der Bluse einhalten,
ver-säubern, am zweiten Ärmel wiederholen.
Die Nahtzugaben zusammen versäubern.

7 Ärmel- und Seitennaht in einem Zug rechts
auf rechts in 1 cm Breite schließen und die Nahtzugaben gemeinsam versäubern.

8 Den Gummitunnel am Saum schmalkantig
absteppen. Am Kordeltunnel beginnen. Den
Kordeltunnel nicht zusteppen.

9 Das Gummiband in den Saum einziehen. Mit
der Kordel auf Figur bringen.

Spitzenstola mit Samtenden

Schnitt vorbereiten

Papierschnittteile mit Nahtzugaben versehen und ausschneiden.

Vorbereiten

An beiden Samtenden an einer der langen Seiten 1 cm Nahtzugabe nach innen bügeln und feststecken. Die Samtenden rechts auf rechts in der Mitte falten.

Am Stolateil die Nahtzugabe der Seiten 1,5 cm nach innen umbügeln.

Nähen

1 An beiden Samtenden die Seitennaht rechts auf rechts in 1 cm Breite schließen. Die hochgeklappte Nahtzugabe oben lassen und übersteppen – die Nahtzugabe der nicht umgebügelten Seite schaut hervor. Wenden und vorsichtig am Bruch bügeln.

2 Am Stolateil mit Zickzackstich die Nahtzugaben der Seiten feststeppen.

3 Die Samtenden rechts auf rechts mit der nicht umgebügelten Seite an die kurze Seite des Stolateiles in 1 cm Breite steppen.

4 Wenden, mit der umgebügelten Seite des Stolateiles die erste Naht verdecken und mit der zweiten Naht schmalkantig feststeppen.

5 Evtl. die Naht mit einer Borte verzieren.

Größe 140 cm x 31 cm

Material
- ♥ Oberstoff 1: Samt in Oliv, 40 cm x 25 cm
- ♥ Oberstoff 2: Spitzenstoff in Weiß, 120 cm x 35 cm;
- ♥ Litze in Weiß, 70 cm

Tipp: Diese Spitzenstola ist insgesamt 140 cm lang. Wer eine längere Stola wünscht, der näht einfach mehrere Spitzenteile aneinander oder verbreitert die Samtenden.

Zuschneiden
OBERSTOFF 1
2x Schnittteil „Samtenden" im Bruch

OBERSTOFF 2
1x Schnittteil „Stola"

Nahtzugaben
Das Stolateil an den Seiten mit 1,5 cm Nahtzugabe, sonst mit 1 cm Nahtzugabe zuschneiden, die Samtenden mit ringsum 1 cm Nahtzugabe zuschneiden.

Schnittmusterbogen A

Trachten-Knigge

Die Tracht fürs blitzsaubere Madl

Das Dirndl oder auch nur Teile davon werden nirgends anders als daheim in der Kammer ausgezogen.

Gummistiefel sind für die Garten- oder Stallarbeit und kein geeignetes Schuhwerk zum Dirndl! Alles schon erlebt!

Schultertücher, Schulterschmeichler, Janker oder Jacken werden zum Schutz vor Kälte oder allzu tiefen Blicken über dem Dirndl getragen. Dem Puffärmel tun Schultertücher oder Schulterschmeichler besonders gut und schaden kaum. Jeansjacke geht nicht!

Der Unterrock oder die langen Beinkleider dürfen nur beim Drehen im Tanz das Tageslicht erblicken.

Weiße Blusen signalisieren „Reinheit" – deshalb sollte die Bluse dies auch wirklich sein! Gut, wenn man eine Bluse zum Wechseln hat.

Mit der Position des „Schürzenbandls" kann man den Burschen zarte Hinweise darüber geben, ob Anbandelversuche erwünscht sind: links bedeutet ledig, rechts sagt verheiratet oder fest vergeben.

Die Tracht für den feschen Burschen

Haferlschuhe, mit der typischen Schnürung an der Seite und der etwas rundlichen Form, sind das richtige Schuhwerk zur Lederhose – keine Turnschuhe zur Lederhose! Zur Not helfen auch schwarze normale Schuhe.

Lederhosen verlangen als Begleiter immer ein Hemd. Weiß sieht sehr fesch aus. Baumwolle, Leinen, lang- oder kurzärmelig, aufwendig oder einfach gestaltet. Niemals ein T-Shirt oder Poloshirt.

Wollstrümpfe, am besten selbst gestrickt, bedecken die Waden der Burschen. Strümpfe nicht rutschen lassen!

Mit Profitipps zum Traum-Modell

GRUNDSCHNITT SCHNELL GENÄHT

Auch wer noch nicht so viel Erfahrung beim Nähen hat, kann mit der Schritt-für Schritt-Anleitung das perfekte Dirndl mit individueller Passform anfertigen, und auch dekorative Details gelingen einfach meisterhaft!

Anhand dieses Grundschnittes wird die Dirndl-Nähtechnik Schritt für Schritt mit Detailfotos erklärt. Nach dieser Methode wurden mit leichten Variationen alle drei Dirndl genäht. Das Patente daran ist, dass die Seitennähte erst sehr spät geschlossen werden. So kann die Weite noch nach Bedarf angepasst werden!

Dirndl

Schnitt vorbereiten

Auf transparentes Schnittpapier alle nötigen Schnittteile und Angaben vom Schnittmusterbogen übertragen, mit Nahtzugaben versehen (mit Lineal und nicht nach Augenmaß!) und sorgfältig ausschneiden. Die einzelnen Schnittteile dürfen sich nicht überlappen!

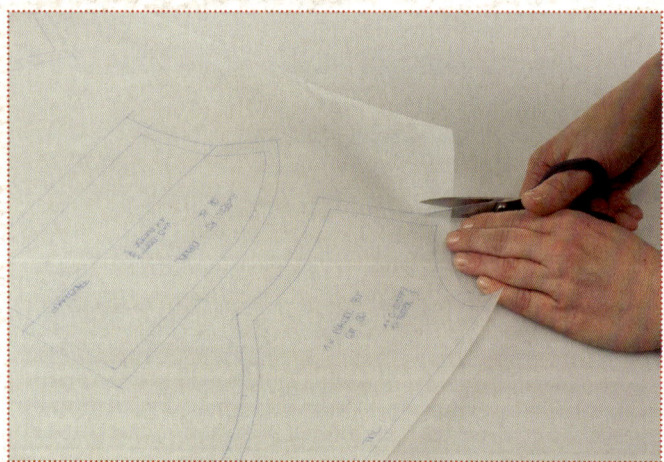

Einlage

Für sehr steife und feste Stoffe wie bei diesem Modell wird keine Einlage benötigt. Sind die Stoffe jedoch weich und ohne Stand oder sehr empfindlich wie z. B. Samt, ist eine Einlage zu empfehlen. In diesem Fall alle Oberstoffteile mit einer Einlage fixieren. Dafür die Einlageteile mit derselben Nahtzugabe nach den Schnittmustern für das Oberteil zuschneiden. Die Farbe der Einlage an den Oberstoff anpassen – sonst schimmert die falsche Farbe anschließend unangenehm durch dünne Stoffe!

Tipp: Ich verarbeite besonders gerne Petticoat-Tüll, der engmaschig und steif, allerdings nicht aufbügelbar ist. Er wird einfach innerhalb der Nahtzugabe an das Oberstoffteil aufgenäht.

Zuschneiden

OBERSTOFF
1x Schnittteil „mittleres Vorderteil" im Bruch
2x Schnittteil „seitliches Vorderteil", gegengleich
2x Schnittteil „seitliches Rückenteil"
1x Schnittteil „mittleres Rückenteil" im Bruch
2x Schnittteil „Rock" im Bruch

FUTTERSTOFF
1x Schnittteil „mittleres Vorderteil" im Bruch
2x Schnittteil „seitliches Vorderteil", gegengleich
2x Schnittteil „seitliches Rückenteil"
1x Schnittteil „mittleres Rückenteil" im Bruch

Nahtzugaben
Die seitlichen Vorder- und Rückenteile an den Seitennähten mit 2 cm Nahtzugabe, an allen anderen Seiten mit 1 cm Nahtzugabe zuschneiden. Die Rockteile mit 5 cm Saumzugabe, an allen anderen Seiten mit 1 cm Nahtzugabe zuschneiden. Die anderen Schnittteile ringsum mit 1 cm Nahtzugabe zuschneiden.

Größe 34 – 36 38 – 40
42 – 44 – 46

Material
♥ Oberstoff: fester Baumwollstoff in Rot kariert, 130 cm x 220 cm
♥ Futterstoff: Baumwollbuntgewebe, 150 cm x 80 cm
♥ Reißverschluss, farblich passend, ca. 50-60 cm (oder Meterware)

Vorbereiten

Den Rocksaum an Vorder- und Rückenteil versäubern und 5 cm breit hochbügeln. Die Mehrweite dabei etwas einhalten und feststecken.

Nähen

1 An Oberstoff und Futter die seitlichen Teile an die jeweils mittleren Teile rechts auf rechts in 1 cm Breite steppen. Alle Nahtzugaben auseinanderbügeln.

2 Vorder- und Rückenteil aufeinanderlegen. Schulternähte in 1 cm Breite schließen und die Nahtzugaben auseinanderbügeln. Am Futter wiederholen.

3 Oberstoff und Futter rechts auf rechts deckungsgleich aufeinanderlegen. Beide Stoffe am Halsausschnitt in 1 cm Breite miteinander verstürzen. An den Rundungen die Nahtzugabe quer zur Naht hin etwas einschneiden, dabei jedoch nicht die Naht durchtrennen. Nahtzugaben auseinanderbügeln. Wenden und den Ausschnitt von links sauber abbügeln – man darf kein Futter sehen.

4 Das Armloch in 2 Schritten verstürzen: An der Vorderteil-Seitennaht beginnend Oberstoff und Futter rechts auf rechts legen. Hierbei die Teile ineinanderklappen. An der Schulternaht liegen dabei im Träger sehr viele Stofflagen übereinander. Den Armausschnitt nun vom Vorderteil bis zur Schulternaht rechts auf rechts in 1 cm Breite schließen. An den Rundungen quer zur Naht die Nahtzugabe einschneiden, dabei jedoch nicht die Naht durchtrennen und wenden. Ein Vorderteil-Armloch ist nun fertig. Im Rückenteil das restliche Armloch rechts auf rechts gedreht in 1 cm Breite schließen. Dies ist etwas einfacher, da hier keine schmalen Träger sind und somit mehr Platz für den Stoff ist.

5 Das vordere Rockteil rechts auf rechts in 1 cm Breite an das Oberteil-Vorderteil steppen. Das rückwärtige Rockteil rechts auf rechts in 1 cm Breite an das Oberteil-Rückenteil steppen. Evtl. dabei die Mehrweite von Hand einreihen, in Falten legen oder mit Staffierband einhalten.

6 Die Taillenansatznähte von Vorderteil und Rückenteil an Futter und Oberstoff versäubern.

7 Das Futter deckungsgleich links auf links auf den Oberstoff legen und im Bereich der Seitennaht quer zur Naht zusammenstecken. Nun die noch offene Seitennaht vom Armloch bis zum Saum in einem Zug miteinander versäubern. An der anderen Seitennaht wiederholen.

8 An der linken Seitennaht mit einem großen Heft- oder Steppstich in 2 cm Breite rechts auf rechts das Oberteil vom Armausschnitt bis ca. 27 cm unter die Taillenansatznaht (= Reißverschluss-Ende) schließen. Vernähen und von hier mit dem 3 mm langen Steppstich bis zum Saum weiternähen.

9 Die Nahtzugaben auseinanderbügeln und die Öffnung für den Reißverschluss wieder auftrennen. Naht und Nahtzugaben sind für den Reißverschluss nun optimal vorbereitet.

Den Reißverschluss öffnen und die linke Zähnchenreihe des Reißverschlusses unter die entsprechende linke Seite stecken. Die Nahtzugabe des Reißverschlusses nach hinten unter die Nahtzugabe der Seitennaht umklappen. Am besten die Nadelposition ganz rechts wählen – das bringt die Nadel näher an den Reißverschluss.

Den geöffneten Reißverschluss nun bis fast zum Ende einnähen. Den Reißverschluss schließen und ca. 1 cm geradeaus weiter über das Reißverschluss-Ende hinaus noch auf dem Reißverschlussband nähen. Die Nadel in die tiefste Position bringen, den Nähfuß anheben. Das Teil um 90 Grad drehen und bis zur Seitennaht nähen. Dabei die Stiche zählen und nochmals die gleiche Anzahl Stiche auf der anderen Seite der Seitennaht nähen. Dadurch erhält man eine Symmetrie und die Rücknaht ist in gleicher Entfernung zur Seitennaht wie die erste.

10 Die Taillenansatznähte treffen aufeinander. Beide Reißverschluss-Enden treffen am Armloch aufeinander. Hier die Nahtzugaben des Reißverschlusses ebenso hinter die der Seitennaht legen wie auf der linken Seite.

11 Die Seitennaht der noch offenen Seite in 2 cm Breite rechts auf rechts bis zum Saum schließen. Die Nahtzugaben auseinanderbügeln. Evtl. die Nahtzugaben mit einigen Querstichen am Armloch festhalten.

12 Mit der Nähmaschine den versäuberten und umgebügelten Rocksaum absteppen.

Tipp: Die Seitennaht zuerst mit Heftstich schließen und das Dirndl anprobieren. Jetzt kann die Paßform noch einfach korrigiert werden!

Schürzerl

Schnitt vorbereiten

Für die Schürze gibt es kein eigenes Schnittmuster. Für das Schürzenteil den Dirndlrock abmessen und um 3-5 cm kürzen.
Papierschnittteile mit Nahtzugabe versehen und ausschneiden.

Vorbereiten

An den Längsseiten der Schürze 2x 1 cm nach innen umbügeln.
Am Schürzensaum erst 1 cm und anschließend 4 cm nach innen bügeln und feststecken.
Das Schürzenbändel der Länge nach mittig links auf links falten und bügeln.
An nur einer Längsseite 1 cm Nahtzugabe nach innen umbügeln.

Nähen

1 Beide Seiten der Schürze schmalkantig absteppen.

2 Den Saum schmalkantig absteppen.

3 An der oberen Kante der Schürze das Staffierband anbringen: Die Enden des Staffierbands ca. 3 cm nach innen klappen. Längs an die obere Kante (= Taille) steppen: An den Rändern und jeweils zwischen den Reihfäden das Band auf die Schürze steppen. Je nach Breite des Bandes können dies 6 und mehr Nähte sein.

4 Nun an beiden Seiten jeweils alle Reihfäden greifen und gleichzeitig ziehen. Die Schürze auf ca. 38 cm Breite einreihen, jeweils 2 Reihfäden miteinander verknoten und die Fäden abschneiden. Die so entstandenen Raffungen gleichmäßig verteilen.

5 Die Bindebändel miteinander verstürzen: Jeweils 1 Deko- und 1 Oberstoffteil miteinander rechts auf rechts zusammensteppen. Die kurze gerade Seite zum Wenden offen lassen. An den Ecken beschneiden, wenden und bügeln. Evtl. schmalkantig absteppen.

Zuschneiden
OBERSTOFF
1x Schürze, 100 cm breit und 95 cm lang
1x Schnittteil „Schürzenbändel" im Bruch
2x Schnittteil „Bindebändel" ohne Bruch an der Längsseite

DEKOSTOFF
2x Schnittteil „Bindebändel" ohne Bruch an der Längsseite – Schnittvariante „Landshut"

Nahtzugaben
Die Bändel ringsum mit 1 cm Nahtzugabe zuschneiden. Die Schürze ohne weitere Nahtzugaben zuschneiden

Größe 34 – 36 – 38 – 40 – 42 – 44 – 46

Material
♥ Oberstoff: Babycord in Weiß bedruckt, 130 cm x ca. 100 cm
♥ Deko-Stoff: Seidenstoff in Grün-Weiß kariert, 130 cm x 20 cm
♥ 5 cm breites Reih- oder Staffierband, 100 cm

6 Die Bindebändel zwischen die Enden des Schürzenbändels zwischen beide Stofflagen legen, sodass jeweils das Ende eines Bindebändels und ein Ende des Schürzenbändels aufeinanderliegen, und dabei die Mehrweite in Falte legen. Die Nahtzugaben des Schürzenbändels nach oben legen und in 1 cm Breite feststeppen.

8 Das Schürzenbändel auf die Vorderseite klappen, mit der umgebügelten Nahtzugabe bis zu der eben genähten Naht ziehen. Das Schürzenbändel feststecken und am Ansatz der Bindebändel beginnend schmalkantig absteppen. Dabei in der Mitte die Schürze feststeppen.

7 Die Schürze nun zwischen die Markierungen des Schürzenbändels folgendermaßen stecken: Das Schürzenbändel mit der nicht umgebügelten Kante rechts auf die linke (innere) Seite der Schürze stecken, dabei trifft die Mitte der Schürze auf die Mitte der Bändel. Die Schürze nun in 1 cm Breite an das Schürzenbändel steppen. Die Nahtzugabe der nicht umgebügelten Kante nun auch umbügeln.

Tipp: Die Schürze sollte ca. 3-5 cm kürzer als der Dirndlrock sein und kann am Saum mit mehreren Falten (=Biesen), Posamenten oder Borten verziert werden.

Hinweis: An der Taille kann die Schürze mit einem aufgesteppten Staffierband in gleichmäßige Fältchen gebracht werden. Bei Spitzenstoffen scheint das Staffierband durch. Deshalb genügt es hier, ohne Staffierband die Mehrweite von Hand einzureihen. Man kann auch klassische Falten legen. Sie tragen wenig auf. Das Schürzenbändel kann verstürzt, mit einem weiteren Dekostoff, oder sehr zeitsparend mit einem Satinband verarbeitet werden.

Dirndlbluse

Zuschnitt vorbereiten

Papierschnittteile mit Nahtzugaben versehen und ausschneiden.

Vorbereiten

Den Saum an Vorder- und Rückenteil versäubern und in 1,5 cm Breite hochbügeln. Dabei die Mehrweite etwas einhalten und den Saum feststecken. Die Nahtzugaben am Ärmelsaum 2x 0,5 cm nach innen bügeln und feststecken.

An den Längsseiten des Gummitunnels die Nahtzugaben 1x 0,5 cm umbügeln.

Nähen

1 An der vorderen Mitte die Naht in 2 cm Breite schließen und die Nahtzugaben auseinanderbügeln. Davon 1 cm Nahtzugabe nach innen bügeln und feststecken. So entsteht ein Kordeltunnel, der später mit einer Kordel versehen die Bluse auf Figur bringt.

2 Vorderteil und Rückenteil rechts auf rechts aufeinanderlegen. Die Schulternähte in 1 cm Breite schließen, gemeinsam versäubern und nach hinten bügeln.

Zuschneiden
2x Schnittteil „Vorderteil" im Bruch
1x Schnittteil „Rückenteil" im Bruch
2x Schnittteil „Ärmel"
2x „Gummitunnel für Ärmel", 1,5 cm hoch und ca. 35 cm lang

Nahtzugaben
Vorder- und Rückenteil am Saum mit 1,5 cm Nahtzugabe für den Gummitunnel, an den übrigen Seiten mit 1 cm Nahtzugabe zuschneiden. Die Ärmel mit ringsum 1 cm Nahtzugabe zuschneiden. Die Gummitunnel für die Ärmel an den Längsseiten mit 0,5 cm Nahtzugabe, an der Seitennaht mit 1 cm Nahtzugabe zuschneiden.

3 An einer Schulternaht beginnend die Elastikrüsche an den Ausschnitt steppen: Über der Schulternaht ca. 1 cm Nahtzugabe der Rüsche stehen lassen. Die Rüsche rechts auf rechts an die Schnittkante in ca. 0,4 mm Breite aufsteppen. Nur bis zur ersten Ecke nähen – 0,5 cm weiter als die Ausschnittkante steppen. Die Nadel in die tiefste Position bringen, Nähfuß anheben und das Nähgut sowie die Rüsche um ca. 90 Grad drehen, bis alles wieder in Nährichtung liegt. Weiter bis zum Kordeltunnel nähen, dabei nicht über den Tunnel nähen. Erst nach dem Tunnel die Rüsche wieder festnähen, Nahtende und -anfang werden später mit einem Riegel festgehalten. Nur bis zur nächsten Ecke steppen – 0,5 cm weiter als die Ausschnittkante, mit tief stehender Nähnadel alles wieder drehen, über die Schulternaht, zur Rückenmitte und zum Anfang zurück nähen. Dort den Anfang der Rüsche nach oben legen, mit dem Ende der Rüsche abdecken und darüber steppen.

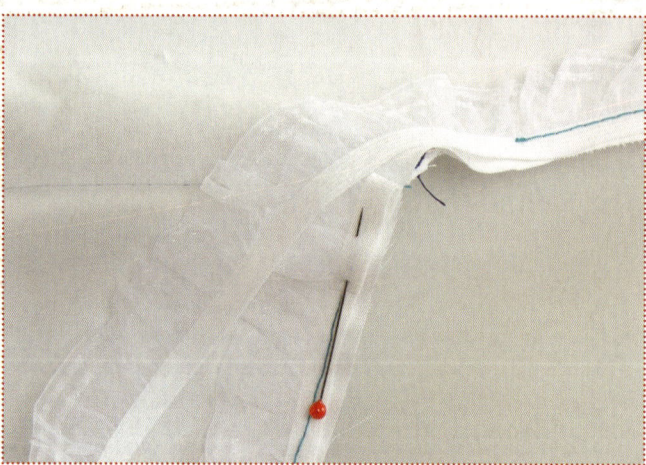

4 An den Ecken des Vorderteils die Nahtzugabe der Rüsche etwas einschneiden. Die Rüsche nach oben klappen und die Nahtzugabe der Rüsche ringsum schmalkantig feststeppen. Vorsicht: Auch hier nicht über den Kordeltunnel steppen.

Größe 34 – 36 – 38 – 40 –
42 – 44 – 46

Material

♥ Baumwollstoff in Weiß,
150 cm x 120 cm
♥ Elastikrüsche in Weiß,
ca. 120 cm
♥ 1 cm breites Gummiband, 2x
à ca. 30 cm (für die Ärmel),
insgesamt ca. 60 cm
♥ 0,5 cm breites Gummiband,
ca. 76 cm (entsprechend
dem Unterbrustumfang)
♥ Kordel in Weiß, 60 cm

6 Die Gummitunnel am Ärmel ca. 2 cm vom Ärmelsaum entfernt auf die linke Seite beider Ärmel an jeweils beiden Längsseiten schmalkantig aufsteppen. Dabei die Nahtzugaben an der Seitennaht lediglich nach innen klappen als Öffnung für das Gummiband. Die Ärmel ins Armloch rechts auf rechts in 1 cm Breite steppen. Die Mehrweite des Ärmels im Schulterbereich der Bluse durch kleine Fältchen einhalten. Nahtzugaben der Ärmeleinsatznaht zusammen versäubern.

7 Ärmel- und Seitennaht in einem Zug rechts auf rechts in 1 cm Breite schließen und die Nahtzugaben gemeinsam versäubern. Den Ärmelsaum schmalkantig absteppen.

8 Vorderteil- und Rückenteil-Saum schmalkantig absteppen. Am Kordeltunnel beginnen, dabei jedoch den Tunnel nicht schließen.

9 Die breiten Gummis in die Ärmel, den schmalen Gummi in den Blusensaum einziehen.

Tipp: Diese Dirndlbluse wird mit einem Kordelzug in der vorderen Mitte auf Figur gebracht. Es ist ein figurbetontes, klassisches, aber dennoch wandelbares Modell. Sie können statt einer Elastikrüsche auch eine Borte an den Ausschnitt nähen, oder eine Rüsche aus dem Oberstoff zuschneiden, deren Kanten mit einem Rollsaum versäubert werden. Die Armlänge kann auf Wunsch gekürzt oder verlängert werden. Auch am Ärmelsaum können Borten oder Rüschen angebracht werden. Dann einfach wie am Ausschnitt beschrieben rechts auf rechts schmalkantig feststeppen, nach oben klappen und von rechts schmalkantig absteppen.

5 Die Kordel als „U" so in die Tunnel einlegen, dass die Enden am Saum austreten. Den Tunnel feststeppen. Erst anschließend die Rüsche an der vorderen Mitte mit einigen Stichen feststeppen.

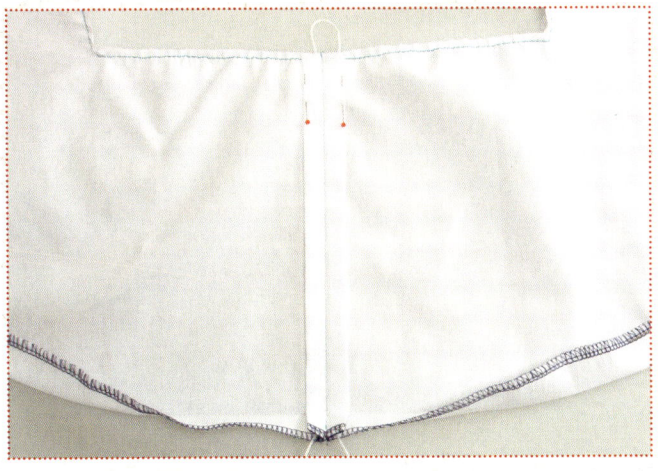

Froschgoscherl-Borte

Hinweis: Im Schnitt ist eine Nähschablone enthalten.

Schnitt vorbereiten

Papierschnittteile mit Nahtzugaben versehen und ausschneiden.

Vorbereiten

Mehrere Stoffstreifen zusammennähen, damit die gewünschte Länge entsteht.

Zuschneiden
POLYESTERSTOFF
Streifen 5 cm breit und insgesamt ca. 350 cm lang – aus mehreren Teilen zusammensetzen

Nahtzugaben
An beiden Längsseiten jeweils 0,5 cm.

Nähen

1 An den Längsseiten die Borte in 0,5 cm Breite zusammensteppen. Mit einer Wendenadel wenden und so bügeln, dass die Nahtzugaben an einer der Längsseiten liegen.

2 In die Borte Falten nach vorliegender Nähschablone steppen. Das Muster fortlaufend wiederholen.

3 Die Falten „auf den Kopf" bügeln, d. h. die Mitte der Falte liegt nun auf der vorher genähten Naht.

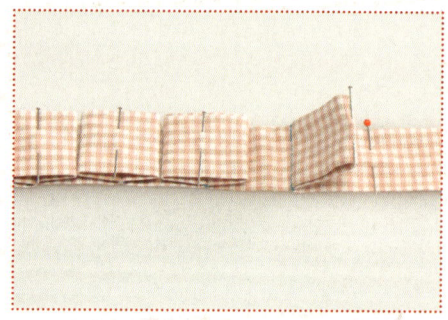

Größe ca. 2,5 cm x 110 cm

Material
- ♥ Polyesterstoff in Rot gestreift, 170 cm x 25 cm
- ♥ 35 kleine Perlen in Rosa-Perlmutt zum Aufnähen

4 Mit einem Zickzackriegel die Falte in der Mitte festhalten.

5 In die Mitte der Ränder der Falten von Hand mit Nadel und Faden stechen, eine Perle mitfassen und die Ränder hochnähen. Den Faden vernähen.

Tipp: Bleibt etwas Borte übrig, so sieht diese als Kropfband wunderschön aus. Klettverschluss an der Rückenmitte anbringen. Die Perlenverzierungen dürfen dann auch etwas aufwendiger sein.

Tipps

Dirndl richtig anziehen

Bei einem Dirndl wird das Dekolleté geformt und in den Vordergrund gerückt. Deshalb sollte auch in passende Wäsche investiert werden. Nach dem Schließen des Oberteils darauf achten, dass nun auch alles dort sitzt, wo es hingehört – nämlich oben! Und nun den Sitz des Dirndls überprüfen. Das Oberteil ist quasi wie eine zweite Haut und es sind keine Falten zu sehen! Auch nicht nach dem Binden der Schürze – sonst das Dirndl noch etwas enger nähen! Daran erkennt man die erfahrene Dirndlträgerin.

Dirndlbluse

Die Dirndlbluse wird auch „B'scheißerl" (= kleiner Betrüger) genannt, da sie nicht so lang ist wie eine normale Bluse, sondern nur bis zum Unterbrustumfang reicht. Eine weiße Dirndlbluse macht ein Dirndl richtig fesch! Zudem hat die Bluse den Vorteil, dass sie leichter zu reinigen ist als das ganze Gwand – und das Bügeln erst! Mit einer langärmligen Dirndlbluse kann man aus einem Sommerdirndl ein wärmeres Winterdirndl zaubern. Eine zweite Dirndlbluse zum Wechseln ist sehr praktisch und angenehm.

Bindeanleitung für Schürze

Die Schleife der Dirndlschürze wird nicht zufällig gebunden. Sie sagt etwas über den Familienstand der Trägerin aus. Links bedeutet „ledig", rechts bedeutet „verheiratet" und eine Schleife in Rückenmitte behält sich der Witwenstand vor.

Unterrock

Ein Unterrock macht aus einem Dirndl ein Prachtstück. Der Unterrock bauscht zusätzlich auf, ohne jedoch unförmig zu wirken.
Er ist schnell genäht: Mittelfesten Tüll (ca. 2-3 m) an den beiden Schnittkanten (kurze Seiten, ohne den Tüll auseinanderzuklappen!) zusammennähen. Oben am Bruch eine kleine Öffnung für das Gummiband lassen. Vom Bruch ca. 2 cm entfernt parallel den Gummitunnel steppen. Nun sind alle Nähte gesteppt und der Tüll kann nicht mehr verrutschen. Die Länge festlegen (am Dirndlrock abmessen und ca. 2 cm kürzer markieren) und Tüll bei Bedarf kürzen – evtl. die Seitennaht noch einmal vernähen. Oben am Bruch das Gummiband in den Tunnel einziehen und verknoten.

Dirndletiketten selbst gestalten

Ein selbst genähtes Dirndl mit einem eigenen Etikett zu gestalten ist das Tüpfelchen aufs „i" und hebt das Selbstwertgefühl ungemein. Mögliche Motive (z. B. Oberstoff, Borten, Spitzen, Fotos oder Bilder usw.) auf den Scanner legen. Bild scannen und evtl. bearbeiten. Mit Tintenstrahldrucker auf Transferfolie drucken. Das so entstandene Bild mit nur wenig Rand ausschneiden (gute Größe für ein Etikett: 9 cm x 12 cm), unter Druck nach den Angaben des Herstellers auf einen weißen Baumwollstoff bügeln und die Trägerfolie vorsichtig abziehen. Nach dem Abkühlen ringsum mit 1 cm Nahtzugabe ausschneiden. Die Nahtzugabe vorsichtig nach innen bügeln (nun nicht mehr über die Transferfolie bügeln!). Das so entstandene Etikett an die gewünschte Stelle, z. B. die Rückenmitte des Dirndlfutters, nähen.

Erklärung der Schwierigkeitsstufen

✂ = leicht nachzuarbeiten

✂✂ = mittlerer Schwierigkeitsgrad

✂✂✂ = für Könner

Nähhilfen

Nähhilfen erleichtern das Nähen sehr. Sie sind Anhalts-
punkte. Hier an der Nahtzugabe einen kurzen Einschnitt
an der gewünschten Stelle machen. Eine Nähhilfe, auch
Zwicke genannt, braucht meistens ein Gegenstück. Die
Nähhilfen werden im Schnitt als kleine Querstriche an der
entsprechenden Stelle angezeichnet. Diese übernehmen
und benutzen.

Von Hand einreihen

Beim Fertigen eines Dirndls wird handwerkliche Fertigkeit
an mehreren Stellen benötigt. Der Ärmel der Bluse wird
von Hand eingereiht, an der Schürze wird die Mehrweite
eingehalten und oft sind die Röcke auf diese Art verarbeitet. In der Regel gibt es ein Teil mit Mehrweite und ein
Gegenstück, das keine Mehrweite hat – dieses Teil gibt die
Weite vor. Mit einem Trick ist es sehr einfach, Mehrweite
leicht einzuhalten. Der Trick besteht aus dem Markieren
der Hälften. Beim Fertigen einer Schürze z. B. die Hälfte
der Schürzenbreite (oft bei ca. 50 cm) mit einer Nadel
markieren. Eine fertige Schürze ist ca. 38 cm breit – die
Hälfte liegt bei ca. 19 cm. Die beiden „Hälften-Nadeln"
treffen nun aufeinander. Die restliche Mehrweite an der
Schürze nun in kleine Fältchen auf das gerade liegende
Schürzenbändel legen. Vielleicht werden am Anfang noch
zusätzliche „Hälften-Markierungen" (jeweils an Schürze
und Bändel) benötigt. Besonders einfach geht es, wenn
das nicht zu reihende Teil (Bändel) an der Nähmaschine
unten liegt und das Teil mit der Mehrweite (Schürze) oben.
Die kleinen Falten sind mit etwas Fingerspitzengefühl
schnell gelegt.

Maßtabelle für Damen

Grundlage: Körpergröße 168 cm. Alle Angaben in cm.
Bevor mit dem Nähen begonnen wird, anhand der Maßtabelle die eigene Größe feststellen.

Größe	34	36	38	40	42	44	46
Brustumfang BU	80	84	88	92	96	100	104
Taillenumfang TU	64	68	72	76	80	84	88
Hüftumfang HU	90	94	97	100	103	106	109

Jutta Kühnle hat nach dem Designstudium für eine Kinderbekleidungsfirma gearbeitet und sich anschließend mit einem eigenen kleinen Atelier selbstständig gemacht. Brautmoden, Herrenbekleidung und Sonderanfertigungen gehörten zu den Spezialgebieten des Betriebes. Die Liebe zur Kinderbekleidung ist jedoch geblieben und einmal im Jahr entwarf und fertigte die Designerin eine kleine Kollektion ausgefallener Kinderbekleidung in limitierter Stückzahl.

Zusammen mit ihrem Mann betreibt sie nun in Stuttgart-Berg ein kleines Hotel und legte 2009 den Grundstein für einen kleinen Dirndlverleih, der sogar im Stuttgart-Roman „Brezeltango" in Erscheinung tritt.

Die Bayerin arbeitet unter dem Motto: „Der Tradition verbunden, dem Modernen aufgeschlossen."

HILFESTELLUNG ZU ALLEN FRAGEN, DIE MATERIALIEN UND KREATIVBÜCHER BETREFFEN: FRAU ERIKA NOLL BERÄT SIE. RUFEN SIE AN: 05052/91 18 58*

*normale Telefongebühren

Wir danken den Firmen Coats GmbH, Kenzingen, www.coatsgmbH.de; Westfalenstoffe AG, Münster, www.westfalenstoffe.de; Rayher Hobby GmbH, Laupheim, www.rayher-hobby.de, Prym Consumer GmbH, Stolberg, www.prym-consumer.com, Union Knopf GmbH, Bielefeld, www.unionknopf.com, Gütermann, Gutach-Breisach, www.guetermann.de für die Unterstützung bei der Herstellung des Buchs.

PROJEKTMANAGEMENT: Eva-Barbara Hentschel

LEKTORAT: Ute Wielandt, Julia Strohbach

LAYOUT: Caroline Renzler, Welsberg-Taisten, Italien; Petra Theilfarth

FOTOS: frechverlag GmbH, 70499 Stuttgart; lichtpunkt, Michael Ruder, Stuttgart; fotolia/Kurt de Bruyn (S. 5, 24); fotolia/Jens Klingebiel (S. 6); fotolia/Dudarev Mikhail (S. 14); fotolia/blondsnapper (S. 33); fotolia/jm (S. 34)

MAKE-UP: Jutta Diekmann, Diekmann face-art, Ludwigsburg

DRUCK UND BINDUNG: Himmer AG, Augsburg

1. Auflage 2011   PRINTED IN GERMANY

© 2011 **frechverlag** GmbH, 70499 Stuttgart

ISBN 978-3-7724-6743-1 • Best.-Nr. 6743